HÉRIVAUX

(CANTON DE LUZARCHES)

NOTES

HISTORIQUES ET ARCHÉOLOGIQUES

PAR

M. J. DEPOIN

Membre de la Commission des Antiquités et des Arts
de Seine-et-Oise

VERSAILLES

IMPRIMERIE CERF ET Cⁱᵉ

59, RUE DUPLESSIS, 59

—

1894

HÉRIVAUX

NOTES

HISTORIQUES ET ARCHÉOLOGIQUES

PAR

M. J. DEPOIN

Membre de la Commission des Antiquités et des Arts
de Seine-et-Oise

VERSAILLES

IMPRIMERIE CERF ET Cie

59, RUE DUPLESSIS, 59

—

1894

*Extrait du « Bulletin de la Commission des Antiquités
et des Arts de Seine-et-Oise », année 1894*

TIRAGE A PART A CINQUANTE EXEMPLAIRES

HÉRIVAUX

(CANTON DE LUZARCHES)

NOTES

HISTORIQUES ET ARCHÉOLOGIQUES

L'abbaye d'Hérivaux aujourd'hui détruite, et dont la maison des hôtes a seule été conservée avec quelques belles ruines, forme un écart de la commune de Luzarches. Elle est devenue, après diverses vicissitudes, la propriété de M. Habert, le sympathique secrétaire-général de la Compagnie de Lyon, qui a réuni sur elle de nombreux documents. L'obligeance de M. Habert nous a mis à même d'utiliser ce butin archéologique, que les Archives de Seine-et-Oise nous ont permis de compléter. Ces archives sont en effet très riches ; elles occupent seize cartons et sont absolument intactes, ainsi qu'on peut en juger par le contrôle de l'inventaire qui en fut dressé au siècle dernier. Elles sont demeurées inconnues à l'abbé Lebeuf dont la notice sur Hérivaux est des plus sommaires (1) ; il en est de même du *Gallia Christiana* dont les preuves contiennent seulement les pièces relatives à

---

(1) *Histoire du Diocèse de Paris*, éd. Bournon, t. IV, p. 215.

la constitution régulière donnée à l'abbaye par Maurice, évêque de Paris (1), et dont le texte ne renferme qu'un petit nombre d'indications.

Le chartrier d'Hérivaux nous a paru assez important pour que nous en ayons fait un dépouillement méthodique ; notre intention est de publier ce recueil de chartes dans la série des Cartulaires édités par la Société historique du Vexin.

Nous donnons aujourd'hui à la Commission des Antiquités et des Arts un aperçu de l'histoire d'Hérivaux d'après les documents inédits.

I

FONDATION DE L'ABBAYE.

« L'an 1140, lit-on dans un document dont l'authenticité ne saurait être contestée (2), Ascelin dit l'Hermite, seigneur en partie de Marly-la-Ville, étant fort pieux et dévôt et ayant quelques droits en un vallon proche de Luzarches, et au domaine et seigneurie dudit lieu, étant le vallon un lieu fort aspre et solitaire — se résolut de quitter sa demeure ordinaire de Marly pour s'habiter en ce lieu, et pour ce, se retira vers les comtes de Clermont et de Beaumont qui estoient seigneurs de Luzarches. Il supplia ces comtes dont il estoit le vassal de lui vouloir céder tout le domaine qu'ils avoient en ce vallon, ce qu'ils firent fort librement. Aussitost Ascelin fit bastir quelque petit logement avec un oratoire, là où quelques personnes associées avec lui firent demeure l'espace de vingt ans, vivant ensemble en prières, jeûnes et autres dévotions.

---

(1) Tome VII, *Preuves*, col. 271-273.

(2) Traduction certifiée par deux notaires apostoliques à la date du 17 mars 1635, des inscriptions latines conservées dans l'église d'Hérivaux. (Arch. de S.-et-O. Fonds Hérivaux, cart. 1.)

» Ledit Ascelin se voyant vieil et caduque, et craignant que ce lieu, après sa mort, ne retournast en sa pristine solitude, se résolut en l'année 1160, d'aller lui et sa compagnie, trouver Monseigneur Maurice, évesque de Paris, pour lui faire entendre comme lui et ses associés s'estoient retirez du monde pour s'habituer en certain vallon nommé Hérivaux... »

Ces faits sont d'ailleurs, quant au fond, confirmés par une charte épiscopale de Maurice, conservée aux archives de Versailles, et transcrite au *Gallia Christiana*.

Ascelin était bien seigneur de Marly-la-Ville, sur le territoir lequel était d'abord située notre abbaye, et où il reste en aujourd'hui l'écart du Petit-Hérivaux.

Il était issu d'une famille bien connue de la Picardie, à laquelle appartenait le célèbre prédicateur laïque de la première Croisade. Pierre l'Hermite, noble amiénois, avait d'abord exercé le métier des armes et possédait la terre d'Achiet (1).

Le lieu où Ascelin se retira du monde était bien extrêmement sauvage : *locum horroris et vaste solitudinis*, dit la charte épiscopale de 1160. Mais sous le travail des premiers ascètes, cet aspect se transforma peu à peu. Une partie de la forêt disparut sous la cognée ; il resta seulement la futaie puissante qui abritait le toit monastique, domi-

---

(1) *Petrus Heremita, Ambianensis, vir nobilis, primá aetate rei militari deditus, tametsi litteris optime imbutus, sed corpore deformis ac brevis staturæ* (Adrien Barland, *De gestis ducum Brabantiæ*, cité par Michaud, *Hist. des Croisades*, t. I, p. 82.) — Orderic Vital le nomme *Petrus de Ackeris*, et la Chronique des comtes d'Anjou, *Heremita Petrus Achiriensis*. Guillaume de Tyr l'appelle : *Heremita nomine et effectu*. Le surnom que lui donne Anne Comnène, *Cucupietros*, est une transcription phonétique de *Quiouquiou-pierre*, Petit-Pierre en patois picard.

Le nom de Pierre fut soigneusement conservé par les membres de la famille l'Hermite ; ainsi en 1169, nous trouvons un Pierre l'Hermite, archidiacre de Soissons (*Mém. de la Soc. de l'Hist. de Paris*, t. XVI, p. 292) ; et l'un des petits-fils d'Ascelin porte aussi le nom de Pierre l'Hermite.

nant le coteau auquel il était adossé ; à droite et à gauche,
d'autres amorces de la forêt protégeaient ce séjour contre
les vents et les orages. Une échancrure vers le couchant,
laissait apercevoir au fond le monastère, tapi dans cette
retraite paisible, ayant comme échappée la vue du bourg
de Luzarches dont le séparait un gracieux vallon, avec
de grands étangs, un moulin et le cours riant de la Thève,
qui va se perdre dans l'Oise après avoir arrosé le cloître
de Royaumont.

Craignant que sa mort n'interrompît l'œuvre com-
mencée et que le désert ne reprît son empire, Ascelin s'a-
dressa donc, en 1160, à Maurice de Sully, l'éminent prélat parisien dont M. Mortet a fait revivre récemment la
grande figure. Il lui demanda l'institution canonique
pour cette fondation, s'en remettant à son autorité pas-
torale pour la rattacher à un ordre existant. Maurice de
Sully, grand ami de Saint-Victor, ordonna que la règle
des chanoines de Saint-Augustin serait observée dans la
nouvelle abbaye ; il institua pour abbé un religieux
nommé Thibaut, et imposa à la communauté le bréviaire
de Paris. Ce ne fut toutefois qu'après la mort d'Ascelin
qu'il la plaça directement sous la juridiction de Saint-
Victor, dont elle demeura dépendante de 1188 à 1334 (1).
Le Pape Alexandre III confirma la fondation de l'abbaye
en 1163 (2).

Nous avons vu que ce lieu avait pris le nom d'*Hérivaux*, qu'il a toujours conservé depuis. Il eût été permis
d'avoir quelque incertitude sur son étymologie, d'autant
plus que les documents relatifs à la fondation, en 1160 et
1163, portent *Herivallis*. Mais il ne faut pas oublier que
la fondation était de vingt ans plus ancienne, de trente
ans même, si l'on en croyait le *Gallia Christiana*, et
qu'une contraction avait eu le temps de se produire.

<hr>

(1) *Gallia Christiana*, t. VII, col. 816.
(2) *Id., Preuves*, col. 273.

En effet, une autre charte épiscopale de Maurice, datée de 1189, porte que Richard le Tyois (*Richardus Theutonicus*) a donné aux frères d'Hérivaux (*fratribus de Heremivalle*), servant Dieu dans l'église de Marly, un bois voisin de leurs terres et dix arpens de terres labourables à Marly (1). *Hérivaux* a donc signifié primitivement *le val de l'Hermite* et ce nom lui est venu d'Ascelin, son fondateur.

II

EXTENSION DE L'ABBAYE

Maurice de Sully a été regardé par ses contemporains comme le véritable fondateur de quatre abbayes, deux de chanoines réguliers, Hérivaux et Hermières, deux de filles. Yerres et Gif (2).

« En celle année (1196), disent les Grandes Chroniques, trespassa de ce siècle à la joie de Paradis, si comme l'on cuide, Morise, l'évesque de Paris, homme d'onnourable mémoire, père des povres et des orphelins. Car entre les autres bonnes œuvres, dont il en fist maintes, fonda-il quatre abbayes et les doa dévotement à ses propres despens : Hervaux, Hermières, Ierre et Gif. Et en la fin donna aux povres, pour l'amour de Nostre Seigneur, quanqu'il put avoir de meubles » (3).

M. Mortet, dans sa remarquable étude sur Maurice de Sully, conteste avec raison la fondation de l'abbaye d'Yerres, et reconnaît que Maurice a réellement institué celle d'Hérivaux. Une bulle de Clément III, datée du

---

(1) Arch. de Seine-et-Oise. Fonds Hérivaux, carton 4.

(2) Rigord, . *Hist. de France*, t. XVII, p. 46.

(3) *Les Grandes Chroniques de France*, éd. Paulin Paris, t. IV, p. 106.

(4) *Mémoires de la Soc. de l'Hist. de Paris*, t. XVI, p. 193.

15 janvier 1188, confirme d'une manière particulière les abbayes d'Hérivaux, d'Hermières, de Montéty et de Gif, que l'évêque Maurice a depuis peu fait construire (1).

On ne saurait donc douter que le cloître et la première église de Notre-Dame d'Hérivaux n'aient été élevés du temps et par les soins de Maurice de Sully (2). Les fort nombreuses chartes de cet évêque — une vingtaine — conservées dans le chartrier d'Hérivaux nous le montrent s'intéressant sans cesse à ce monastère et venant fréquemment y chercher la retraite et le repos d'esprit que plus tard Richelieu alla demander aux arceaux voisins de Royaumont.

Les seigneurs d'alentour, à la prière du grand prélat, comblèrent de dons généreux cette abbaye. Ses archives sont du plus haut intérêt pour l'histoire des comtes de Beaumont et de Dammartin, des châtelains de Luzarches et de Montméliant, des Bouteillers de Senlis, des sires de Chantilly, et d'une foule de nobles races du Parisis, du Beauvaisis et du Senlisois.

Parmi les bienfaiteurs ecclésiastiques, nous citerons, en 1271, Alain, évêque de Sisteron, qui donne à Hérivaux la vigne de Rosempré, à Beaumont-sur-Oise, pour fonder son anniversaire et celui de ses parents, Guérin et Mathilde d'Andilly. Un curé de Fontenay, maître Guy de Louvres, laisse en 1316 des biens importants à la mense conventuelle « *ad querendum singulis annis lectualia, coopertoria et maxtellos conventus, et vetera erogentur pauperibus, ob ipsius magistri Guidonis et ipsorum religiosorum animarum remedium et salutem* (3). Prescription touchante qui montre combien les moines,

---

(1) Guérard, *Cart. de l'église de Paris*, t. I, p. 26 et 33.

(2) Une charte épiscopale de 1169 mentionne déjà « *Canonicos ecclesie Beate Marie de Erivalle.* » (Orig. Arch. de S.-et-Oise. Fonds Hérivaux, cart. 4.)

(3) Orig. Arch. de S.-et-O. Fonds Hérivaux, cart. 5.

pour la plupart sortis des rangs du peuple, se préoccupaient de leurs frères miséreux.

III

ÉTAT DES BIENS D'HÉRIVAUX.

Voici, d'après un manuscrit de Duchesne, la nomenclature des bénéfices dépendants de l'abbaye d'Hérivaux (1).

PRIEURÉS. — CURES.

« Saint-Estienne de Marly de la donation de l'évesque Maurice et des doiens et chanoines de Nostre-Dame de Paris, auquel diocèse il est situé.

» Saint-Estienne des Fossés de la donation de Renault, évesque de Paris dans le dit diocèse.

» Saint-Nicolas de Bellefontaine audit diocèse de Paris.

» Saint-Jean de Montepiloir, Prieuré Cure de la fondation des anciens boutilliers de Senlis, il est audit diocèse. »

PRIEURÉS SIMPLES.

« Saint-Nicolas de la Grange du Bois, au diocèse de Paris (2).

» Saint-Nicolas d'Hermenonville de la fondation des susdits boutilliers pour dire la Messe dans le Chasteau dudit Hermenonville et héberger les pauvres passans et est au diocèse de Senlis. »

---

(1) Bibl. nat. fonds lat. 17020.

(2) La Grange du Bois était sur le territoire de Luzarches. En 1754, il ne restait du prieuré qu'une ferme en si mauvais état que les religieux obtinrent des lettres patentes les autorisant à en faire disparaître les ruines, comme « propres à la retraite des gens malintentionnés. » [Arch. de S.-et-O. Fonds Hérivaux, cart. 9.]

L'inventaire des titres de l'abbaye constate que celle-ci possédait des domaines sur les territoires d'Hérivaux, Luzarches, l'Epinaye, le Puits-aux-Chiens, Puiseux (les-Louvres), Survilliers, Beaumont, Mareuil (Mareil-en-France), Pontharmé, Mongrésin, Fosses, Marly-la-Ville, Montmélian, Saint-Witz, Argenteuil, Vémars, la Grange-du-Bois, Hérdancourt, Cinqueux, le Plessis (-Luzarches), Lassy, Coye, la Morlaye, Jagny, Marché-Morel, Messy, Orry, Bonneuil, Senlis, Bellefontaine, Villiers-le-Bel, Bouqueval, la Chapelle-en-Serval, les Essarts, Ermenonville, Villiers-le-Sec, le Rosoy, Montmagny, Chaumontel, Belloy, Pontoise, Montmorency, Andilly, Garges, Chelles, Sarcelles, Paris, Roissy, Domont.

A la fin du xviii° siècle, l'ensemble des revenus d'Hérivaux était évalué à 11,750 livres, dont 8,000 pour la mense abbatiale et 3,750 pour la mense conventuelle (1).

Parmi les revenus de l'abbaye, se trouvaient dès le début les dîmes de Marly-la-Ville et de Fosses, données par les seigneurs de la famille l'Hermite. Nous rencontrons au xiii° siècle de curieux accords entre les chanoines et les communautés rurales de ces deux paroisses, à propos de l'introduction de nouvelles cultures — celles de la gaude, de la vesce et du pavot ; on décide que la dîme sera payée en avoine, au prorata de la surface cultivée. Ces arrangements donnent la liste complète des chefs de famille agricoles et montrent combien ces paroisses étaient alors peuplées. Les femmes à la tête d'une exploitation rurale figurent au même titre que les hommes dans l'énonciation des contractants (2).

---

(1) *Dictionnaire historique de la ville de Paris, dédié au maréchal de Brissac*, par Fleurtaut, 1779.

(2) Arch. de Seine-et-Oise. Fonds Hérivaux, cart. 1. Citons quelques noms des habitants de Marly-la-Ville à cette époque (1271) : Foucardus Al Collum. Uxor Colbertus Albinus Crolarope. Aleigia la Guilbillonne. Odelina Larillarde. Nicolaus Bestie.

Les bois possédés par l'abbaye représentaient un capital considérable. En 1716, la communauté céda moyennant 60.000 livres, au prince de Condé, 469 arpents de forêt pour agrandir celle de Coye, tenant à sa terre de Chantilly, moyennant le prix de 60,000 livres, dont 15,000 livres pour le fonds et 45,000 livres pour les arbres et les taillis.

C'était une excellente affaire pour le prince. d'autant plus qu'on mit dans le contrat que le capital ne serait pas payé, mais seulement l'intérêt au denier 24, c'est-à-dire un revenu de 2,250 livres. Aussi l'abbaye essaya-t-elle plus tard, mais vainement, de faire résoudre ce contrat. Elle réussit pourtant à obtenir du duc de Bourbon, en 1735, une subvention gracieuse, une fois donnée, pour aider à la reconstruction des bâtiments claustraux.

IV

LES ABBÉS D'HÉRIVAUX.

La liste des abbés d'Hérivaux, donnée par le *Gallia Christiana*, ne saurait être considérée comme définitive. Il nous a paru intéressant de la compléter soit par les manuscrits de Duchesne, que nous avons cités, soit à l'aide d'extraits du Martyrologe et du Recueil des dessins de Gaignières conservés au département des Estampes, soit enfin au moyen de quelques indications fournies par le chartrier de l'abbaye.

* ASCELIN DE MARLY fut le véritable fondateur de la communauté, vers l'an 1140. Il remit sa fondation aux mains de l'évêque de Paris, Maurice de Sully, en 1160.

* RAOUL a simplement le titre de *prieur* de l'abbaye dans la bulle d'Alexandre III pour confirmer la fonda-

tion, en 1163. Il est à présumer qu'à cette date un abbé n'avait pas encore été désigné.

I. — THIBAUT, chanoine de Saint-Victor, un des douze qui furent chargés de la réforme de l'abbaye de Sainte-Geneviève en 1148, fut nommé, d'après le *Gallia*, abbé d'Hérivaux vers 1175 (1). Son nom et celui du prieur Gireaume (*Girelmus*) figurent au bas d'un acte, sans date, de l'évêque Maurice, relatif à une donation de Réry de Fosses, confirmée dans une autre charte de 1183 (2). Gireaume figure comme chevecier d'Hérivaux, dans deux pièces, l'une de 1169, l'autre sans date, mais souscrite par Gautier, chantre de l'église de Paris de 1177 à 1181 (3).

Le nécrologe d'Hérivaux contient la mention suivante : « *Secundo nonas maii, anniversarium patris et matris Theobaldi primi pastoris nostri, cujus providentiâ et laboris assiduitate loco huic plurimum profuisse novimus* (4). »

Thibaut est nommé dans la charte de fondation de l'abbaye de Juilly, du même ordre des chanoines de Saint-Augustin, en 1183 (5) ; il est cité encore en 1188 par Claude Malingre (6).

II. — EUDES, chanoine de Saint-Victor, dont l'élection fut confirmée par Eudes de Sully, évêque de Paris (7). Il est nommé en 120· dans une transaction avec l'abbaye de Chaalis (8), et signa avec plusieurs autres abbés victoriens le *vidimus* d'un diplôme du roi Robert pour le mo-

---

(1) *Gallia christiana*, t. VII, col. 817.
(2) Arch. de S.-et-O. Fonds Hérivaux, cart. 1.
(3) V. Morlet, *Maurice de Sully*, ap. Mém. de la Soc. de l'Hist. de Paris, t. XVI, p. 384.
(4) Recueil de ce qui se trouve touchant la fondation d'Hérivaux, etc., B. N. mss. lat. 17020.
(5) *Gallia christ.*, VII, 817.
(6) Ant. de Paris, II, 481.
(7) *Gallia christ.*, VII. 818.
(8) B. N. mss. lat. 17020.

nastère d'Argenteuil, vers 1204 (1). Le Martyrologe d'Hérivaux le mentionne aux ides d'avril : « *Odo abbas* (2). »

III. — Pierre Ier est nommé dans deux pièces de décembre 1223 et d'avril 1228 (3). Le nécrologe marque son anniversaire en avril : « *Pridie nonas aprilis anniversarium solenne domini Petri, quondam abbatis nostri* » (4).

IV. — Arnoul est nommé deux fois dans le Cartulaire de Royaumont. En septembre 1229, il accorde 60 s. p. de rente sur le pont de Beaumont à Eudes de Champagne, neveu du comte Jean de Beaumont, en échange de 4 arpens de pré qu'il avait au lieudit Cuimont et maintenant appelé Royaumont, acquis par l'abbé d'Hérivaux, pour le donner aux frères de Royaumont. En avril 1249, il intervient avec Robert, curé de Luzarches, et Girard de Chaumontel comme pleige d'une cession faite par Robert, maître de la léproserie de Luzarches, moyennant 34 livres parisis, d'une rente d'un muid de blé qu'il percevait sur le moulin de Royaumont « *pro quodam puero filio Odonis de Campaniis militis* » (cet enfant d'Eudes de Champagne était probablement méseau et interné à la léproserie) (5).

Son épitaphe, inscrite sur une tombe devant le grand autel avec celle de plusieurs autres abbés, était ainsi conçue :

> Hac relatus petra jacet hic tumulatus
> Unificæ fidei Cultor honorque Dei.
> Noster prælatus fuit Arnulphusque vocatus.
> Regni Syderei det loca Christus ei (6).

Le Martyrologe porte au xii des kalendes de mai :

---

(1) *Gallia christ.*, VII, 818.
(2) B. N. ms. coll. Duchesne, t. XX, p. 59.
(3) A. N. S. 5128, n° 2. — Sceau n° 8755 de l'Inventaire.
(4) B. N. ms. coll. Duchesne, t. XXII, p. 60.
(5) Cart. de Royaumont, t. I, Arch. de Seine-et-Oise.
(6) B. N. ms., 17028.

« *Anniversarium solenne domini Arnulphi, abbatis nostri* » (1).

V. — Hervé, abbé en 1257 et 1260 (2). Nous pensons que c'est lui dont le Martyrologe fait mention sous cette forme : « *XII Kal. Augusti, anniversarium solenne domini Herrici abbatis nostri* (3). »

VI. — Simon, témoin en juillet 1263 de la confirmation par Guy le Vidame d'une vente faite à Royaumont (4), vivait encore en février 1270, n. st. (5). Le Martyrologe porte au iv des kalendes d'août : « *Anniversarium solenne domini Symonis abbatis nostri.* »

L'épitaphe de Simon est relatée en ces termes :

In quadam cista sepelitur, caute sub ista,
Noster prælatus, Simon fuit ille vocatus.
Hunc a peccatis absolvat fons bonitatis
Et concedat ei loca perpetuæ requiei. Amen.

VII-X. — Nous ne pouvons fixer l'ordre des abbés suivants dont le nom figure dans le Martyrologe :

• Pierre II. « *V. Kal. Julii, anniversarium solenne domini Petri abbatis nostri.* »

• Gilles Ricaud (6). « *Nonas februarii, anniversarium solenne domini Egidii Rigaus, canonici Sancti Victoris, Sancte Sabine presbiteri cardinalis, qui pro affectu erga nos et ecclesiam nostram in abbatem nostrum a Domino Papa procuravit.* »

• Eudes II. « *Pridie nonas Augusti, anniversarium solenne domini Odonis abbatis nostri.* »

---

(1) (3) B. N. mss. coll. Duchesne, t. XXII, p. 60.
(2) (5) *Gallia christ.*, VII, 824.
(4) Cart. de Royaumont, t. II, fol. 1474.
(6) Nous ne pouvons identifier cet abbé avec Gilles Rigaud, abbé de Saint-Denis (1343 † 30 déc. 1351), créé cardinal en 1349 (D. Racine, *Nécrol. de Saint-Denis*, IV, 278), car il avait le titre de Sainte-Praxède (Mas-Latrie, *Trésor de Chronologie*, col. 1198) et n'appartint jamais, croyons-nous, à l'ordre de Saint-Augustin.

* Guillaume Ier de Fosses. « *VI Non. Julii, anniversarium solenne domini Guillelmi de Fossis quondam abbatis
nostri.* »

XI. — Evrard, nommé dans des chartes de 1301 et
1305 (1). Son épitaphe était ainsi conçue :

> Sensu munitus vir, moribus et redimitus,
>
> Vermibus impositus cibus istic morte potitus,
>
> Noster prælatus fuit Evrardus vocitatus
>
> Qui scit ubique status, velit indulgere reatus (2).

XII. — Robert de Marly. Il était procureur de l'abbaye
en 1301 et fit accord avec Jean, curé de Bellefontaine (3).
Son épitaphe est ainsi relatée :

Hic jacet abbas Robertus de Mallaco natus.
Abbas Robertus tumulo præsente quiescit,
Funeris expertus legem quæ parcere nescit,
Pax gregis atque pater prudens, castus, vir honestus,
Obsequio frater humilis, pius atque modestus.
O Deus alme, benigne Jesu, spes certa piorum,
Huic dignare celi concedere regna polorum.

XIII. — Jacques de Fontenay fut inhumé sous la même
tombe que Robert de Marly, avec cette inscription :

Hic jacet Jacobus abbas, natus fuit de Fontaneto.

Son anniversaire est inscrit au nécrologe au 8 des kalendes de février.

A la date de la veille, le nécrologe mentionne Adam de
Fosses, prieur, mort en 1321, sans doute neveu de l'abbé
Guillaume de Fosses (4).

XIV. — Pierre III de la Barre.

XV. — Pierre IV de Gerville.

---

(1) Arch. de S.-et-O. Fonds d'Hérivaux, cart. 5.
(2) (4) B. N. mss. lat. 17020.
(3) Arch. de S.-et-O. Fonds d'Hérivaux, cart. 5.

Ces deux abbés furent enterrés sous une même tombe, où se trouvait cette double épitaphe :

VIR JACET IN TOMBA SIMPLEX SICUT UNA COLOMBA,
NOSTER PRÆLATUS, PETRUS DE BARRA VOCITATUS.
REX ANGELORUM TRIBUAT SIBI REGNA POLORUM.
CONSTITIT HIC POSITUS ABBAS HUMILISQUE PERITUS
PETRUS SIC DICTUS DE GERVILLA, BENE PICTUS.
MORTUUS EST ISTE. PARADISUM DA SIBI CHRISTE.

Le nécrologe mentionne Pierre de la Barre au VIII des ides de mai. Pierre de Gerville n'y est pas cité.

XVI. — PIERRE V DE CHATENAY est nommé dans le nécrologe au III des nones de mai : « *Obiit frater Petrus de Chatenay, quondam abbas istius loci, postremum prior de Milliaco.* » (Il faut sans doute lire *Malliaco*).

Suivant le *Gallia*, Pierre de Chatenay doit être identifié avec l'abbé Pierre, vivant en 1349 (1).

XVII. — GUILLAUME II D'ERMENONVILLE. Son épitaphe contient une date qui prête à l'ambiguité. Le *Gallia* l'explique par l'année 1354 :

HIC JACET EXPERTUS VIR BONUS ATQUE DISCRETUS,
IN FACTIS CERTUS, HABILIS ET CUNCTIS AMATUS,
NOSTER PRÆLATUS, GUILLELMUS SIC VOCITATUS,
IN CŒLI CASTRA DET EI REX QUI REGIT ASTRA,
ET A PECCATIS ABSOLVAT FONS BONITATIS.
C. T. M. TRIGINTAQUE BIS DUODENO.

XVIII. — HERBERT CAMUS, né à Boursy, mourut, d'après son épitaphe, le 28 février 1371, n. st.

XIX. — RENAUD DU VAL, né à Vémars, promit obéissance à l'évêque de Paris le 26 mai 1371. En 1375, il fit accord avec Robert de Lorris, chevalier d'Ermenonville. Son épitaphe le fait mourir le 23 février 1394, n. st.

---

(1) *Gallia christ.*, VII, 825.

XX. — THOMAS FINET fit reconstruire, suivant les uns, et compléter, suivant les autres, l'église d'Hérivaux, qui fut dédiée en 1405. Il était encore abbé en 1406.

XXI. — PIERRE VI BOURSET est nommé dans un acte de 1412.

XXII. — ROBERT II BEGNET (ou plutôt BÉQUET) fut élu abbé le 19 janvier 1423, n. st.

XXIII. — JEAN Ier GANEAU, abbé en 1450 et 1454.

XXIV. — JEAN II MOREAU reçut des lettres de provision, données par l'officialité de Paris en 1468, vu le grand âge et la débilité de son prédécesseur.

XXV. — JEAN III CINET, dernier abbé régulier, promit obéissance à l'évêque de Paris le 23 août 1469 (1). En 1476 il fut l'objet d'une plainte adressée par les religieux d'Hérivaux, au nombre de sept, à l'officialité de Paris, sur ce qu'il retenait pour lui les fruits et revenus des prieurés dépendant du monastère (2). Il était encore abbé en 1487.

XXVI. — JEAN IV DE MONTMORENCY, bâtard de cette maison, premier abbé commendataire, promit obéissance à l'évêque de Paris le 3 septembre 1490. Il était protonotaire apostolique, conseiller et aumônier du roi (3). Il mourut en 1506.

XXVII. — RICHARD LE ROUILLIÉ, chanoine de la Sainte-Chapelle, neveu par sa mère de Jean IV, qui résigna en sa faveur l'abbaye dès 1495. Il mourut en 1529. L'épitaphe de son petit-neveu le qualifie d'évêque de Sarlat. Le *Gallia* ne mentionne à cette époque qu'un évêque appelé Jean de Rillac, qui siégea quelques mois et mourut en 1529.

---

(1) *Gallia christ.*, VII, 826.

(2) Duclos. *Histoire de Royaumont*, t. I.

(3) Arch. de S.-et-O. Fonds d'Hérivaux, cart. 5

XXVIII. — René Ier le Rouillié, évêque de Senlis en 1537, mort le 14 septembre 1559.

XXIX. — Pierre VII le Rouillié, neveu du précédent, conseiller au Parlement, chanoine de la Sainte-Chapelle, seigneur du Gévelay, abbé de Lagny, mort en 1578.

XXX. — René II le Rouillié, conseiller au Parlement, hérita des bénéfices de son frère, Pierre VII, et mourut le 10 janvier 1624.

XXXI. — Pierre VIII de Vaudétar, abbé en 1606 par la résignation de son oncle, René II, mourut en 1642. Il était d'une famille lombarde naturalisée et anoblie par Philippe VI en 1332.

XXXII. — Edouard Molé, résigna en 1647 à son frère.

XXXIII. — François Molé, qui mourut à l'âge de 87 ans le 5 mai 1712. L'abbaye plaida contre sa succession pour obtenir le paiement des réparations à faire aux bâtiments et fermes, évaluées à 56,000 livres, « les ruines s'étant accumulées pendant sa gestion ».

XXXIV. — Jean V Deschamps, nommé le 14 mai 1712, mort le 4 janvier 1713.

XXXV. — Louis Le Fevre, aumônier de la princesse de Condé, nommé le 4 avril 1713, mort le 4 novembre 1713.

XXXVI. — Denis Chaussepied de Puymartois, nommé le 24 décembre 1713, était encore abbé en 1741 et 1749.

XXXVII. — N..... Boisot, nommé abbé en 1756, l'était encore en 1767.

XXXVIII. — D'Albignac de Castelnau, nommé en 1776.

XXXIX. — De Damas d'Antigny, nommé en 1784.

L'abbaye avait été l'objet d'une réforme en 1639. La *Relation* conservée dans les mss. de Duchesne (*Fonds lat. 17020*) contient un paragraphe intitulé :

Comment l'abbaye d'Hérivaulx a esté unie à la Congrégation de Sainte Geneviefve.

« M. le cardinal de Larochefoucault ayant esté estably premièrement par Nostre S. Père le Pape Gregoire XV par un bref de Sa Sainteté de huictième avril 1622 commissaire apostolique pour la réformation des monastères de Chanoines réguliers de S. Augustin dans tous lesquels la discipline reguliaire estoit grandement relaschée, ledit bref confirmé par lettre patente de Sa Majesté du quinzième Juillet 1622, ledit Seigneur Cardinal envoià le R. P. Robert Baudoin, religieux dudit ordre en plusieurs monastères d'iceluy pour signifier quelques articles arestés par ledit Seigneur Cardinal en une conférence tenue à Paris en sa présence le 11 Mars 1623 tendant à la réformation généralle de tout l'ordre laquelle signification fut faite céans par le dit Père Baudoin le 11 avril de la même année 1623.

» La commission du dudit Cardinal ayant été depuis renouvelée par plusieurs brefs de N. S. Père le Pape Urbin huictiesme scavoir du 16e février 1628, 30 décembre 1631, douziesme avril 1634, 15e Janvier 1636, et confirmée par lettre patente de sa Majesté du 3e avril 1628, 7e Mars 1632, 16e Janvier 1635, 15e Juin 1626, ledit Seigneur Cardinal dressa une congrégation de quelques monastères où il avait envoyé des Religieux de la réforme laquelle congrégation ayant esté approuvée par les bulles de Nostre S. Père le Pape Urbain VIIIe du 3e février 1634, enregistrée au grand conseil du Roy le 31e aoûst de la mesme année s'en suivit une sentence dudit S Cardinal du 18e mars 1635, par laquelle en la ditte qualité de commissaire appostolique, il unit à la dite congrégation tous les monastères dudit ordre en ce Royaume. Deux ans après, le R. P. Boulard, Prieur de Sainte Geneviefve eut commission pour visiter ce monastère d'Hérivaulx sur le rapport et procés-verbal de laquelle visitte, dattée du 24e d'Aoust 1637 ledit S Cardinal donna une sentence de l'union particulière d'iceluy monastère à la dite congrégation le 6e septembre 1637.

» L'an 1639 21e juillet le susdit Père Boulard estant appelé par partie des anciens d'Hérivaulx traita avec eux et donnèrent leur consentement pour l'union de leur maison à nostre congrégation et introduire des religieux de la réforme en iceluy qui fut faitte, la mesme année 1639 le 21e novembre en vertu d'un arrest du conseil prive du Roy qu'il fut nécessaire d'obtenir sur quelques difficultés qui furent formées par l'ordinaire.

L'exécuteur de l'arrest fut M⁰ Claude Loisel président et lieutenant général de Senlis qui mit en possession de la dite abbaye et de tous les lieux Réguliers le R. P. Charles Faure abbé coadjuteur de Sainte Geneviefve et général de la Congrégation des chanoines Réguliers de Saint Augustin en France et sous son autorité le R. P. Philippe Roussel Prieur, les Peres Louis Carronct, Jean Sarreil, Prestres, frère Charles Guillon, Claude Bastard et Noel Benoist, tous religieux de ladite Congrégation. »

V

L'ÉGLISE ET LE CLOITRE.

L'abbé Lebeuf avait visité l'église d'Hérivaux, qu'il déclare avoir été construite dès le xii⁰ siècle « comme on le reconnaît, dit-il, aux mitres des évêques représentés dans les vitrages. » Ces vitraux en grisaille ont disparu, de même que le reste de l'édifice, sauf les quelques fragments dont nous donnons une photographie.

L'église avait subi certainement un remaniement au xv⁰ siècle, ainsi que le prouvait l'inscription dont nous avons la traduction française authentique, signée de deux notaires apostoliques à la date du 17 mars 1635 :

« L'an 1405, le 5ᵉ du mois de juillet, qui estoit le dimanche d'après la feste des apostres S. Pierre et S. Paul, estant lors abbé de Hérivaux, messire Thomas Finet, et à sa requeste, a esté dédiée l'église de ladite abbaye en l'honneur de la Sainte Vierge, par révérend père en Dieu messire Nicolas, évesque de Argoles, docteur en théologie et religieux profés du couvent des Frères Prescheurs de Paris, du consentement de révérend père en Dieu messire

---

(1) Arch. de S.-et-O. Fonds d'Hérivaux, cart. 1.

Pierre d'Orgemont, lors évesque de Paris, à laquelle dédicace estoient présens plusieurs personnes de qualité et une multitude de peuple (1). »

Un manuscrit de la collection de Duchesne, intitulé : « *Recueil de ce qui se trouve touschant la fondation, establissement et progrez de l'abbaye de Nostre-Dame d'Hérivaulx* (1) », dit à propos de cette dédicace de l'église :

« On croit qu'alors elle avoit esté bastie de neuf en l'estat qu'elle est à cette heure, quoyque d'autres disent que c'est la mesme que l'évesque Maurice a fait bastir. Elle est d'une structure assez belle et riche, voutée d'un bout à l'autre, contenant un portique, une nef, un chœur, un sanctuaire et deux aisles qui font une croisée, le tout assez bien proportionné quoyque le vaisseau soit petit, contenant environ 40 pas de longueur, et 8 de largeur sans la croisée. Elle est persée par le bout d'en haut de neuf belles ouvertures en forme de rond-point, le tout bien vitré. »

Nos lecteurs excuseront la technologie défectueuse de ce style en faveur de l'intérêt que présente la seule description précise que nous ayons d'Hérivaux.

Le même manuscrit relate un événement dramatique qui faillit détruire entièrement l'abbaye sous le gouvernement de Pierre de Vaudétar, l'un des abbés comendataires :

« De son temps, scavoir le 18 octobre jour de S' Luc 1632, arriva un incendie assez nôtable en cette maison, le feu ayant pris la nuict dans le bucher ou il y avait bien trente cordes de bois au dessous du dortoir par la stupidité ou négligence d'un serviteur lequel allant quérir du bois pour cuire du pain cette nuict secoua de ses doits un bout de chandelle dans les ordures dudit bucher, lesquelles ayant pris feu alumèrent en moins d'une heure un espouvantable embrasement qui fit aussitost crever la voutte au dessous de la chambre d'un desdis religieux lequel reposoit en son lit, estant alors environ onze heures du soir, tomba avec son lict dedans le feu et pourtant Dieu luy donna assez de présence d'esprit dans ce rencontre

_____

(1) M. N. mss. fonds lat. 17020, pag. 165 et suiv.

ayant habillement gagné la porte dudit bucher qui heureusement pour luy se trouva ouverte sans avoir été interessé de la flame et de sa chute qu'assez légèrement, alors ayant par la voix et tel cris : au feu, au feu ! manifesté le malheur et infortune de la maison, tous les religieux se trouvèrent dans une estrange confusion dentendement dans ce désordre, les uns ayant esté contraints de se jetter à corps perdu par leurs fenestres les autres de se sauver au travers de la fumée au mieux qu'il leur fut possible. Les deux grands combles du dortoir et du couvent ou refectoir furent reduits en cendre avec tous les meubles et hardes des Religieux et entrautres grand nombre de bons livres manuscrits et autres recherches visitées par les hommes doctes, précieux pour leur rareté, qui estoient gardes en un corps de librairie au-dessus des chambres du dortoir de la partie d'orient : peu s'en fallunt mesme que l'eglise ne souffrit le mesme desastre, la flame ayant gagné l'eglise du costé du midy attenant au dortoir et entroit déjà par une fenestre où est la cloche de l'orloge. si promptement elle n'eut été secourue par la diligence et industrie d'un masson de Bellefontaine nommé Jean Léchaudé qui ne bougea de cette fenestre, jettant de l'eau et pourvoyant à la conservation de l'eglise tant que les flames fussent abattues et la dite eglise hors de danger. Ledit sieur de Vaudetar abbé estoit lors de bonheur à la maison lequel ayant de ses yeux contemplé ce désastre en eut pitié et se résolut avec et par l'advis de R. Père frère Jean Regnault alors prieur de la maison de la rétablir en son pristin estat. Donc trois mois après, sçavoir au mois de Janvier 1633 ledit prieur commença à faire nestoier touttes les ordures, et est notable qu'on trouva encore de gros brasiers de feu dessous les cendres, qui s'y estoient conservés pendant les pluies et rigueur de l'hiver et sitost que la saison fut propre on mit nombre d'ouvriers en besogne, massons charpentiers et autres, ledit sr abbé fournissant la despense, et le dit Prieur apportant beaucoup d'affection et solicitude pour la conduite et avancement de la besogne qui moyennant leurs soins fut parfait dans la mesme année, et les Religieux qui pendant ce desordre estoient retirés dans le logis de l'abbé commencèrent à habiter le nouveau dortoir environ le mois de mars de l'an 1634. On prit du bois dans la garenne autant, qu'il en fut nécessaire pour fournir à la charpenterie, et non plus, et ce par l'ordre des officiers des eaux et forets qui se transportèrent céans pour cette affaire. »

Voici maintenant la nomenclature chronologique des actes qui ont transféré à des acquéreurs successifs la propriété des bâtiments d'Hérivaux :

16 novembre 1791. — Vente par le domaine national du domaine d'Hérivaux à M. Gressier.

27 mars 1792. — Celui-ci n'ayant pas payé le prix de son acquisition, vente par le Domaine national à MM. Rémy, Colin et Petit.

24 août 1792. — Vente par MM. Rémy et Colin à M. Petit.

11 brumaire an V. — Vente par M. Petit à M. Benjamin Constant, cultivateur, natif de Lauzane, en Suisse, résidant à Paris, rue de la Loi, n° 293.

26 pluviôse an X. — Vente par M. Benjamin Constant, membre du Tribunat, demeurant alors à Paris. rue du Bac, n° 560, division de l'Ouest, à M. Bertin Deveaux, ex-agent de change.

26 novembre 1817. — Vente par M. Bertin Deveaux à M. Guillon.

26 mai 1824. — Vente par M. Guillon à M. Lenoble.

29 janvier 1825. — Vente par M. Lenoble à M. Freytag.

21 mai 1829. — Vente par M. Freytag à M. Fombert de Villers.

23 juin 1849. — Vente par Mme Vve de Villers à Mme Thomas.

22 mai 1852. — Vente par Mme Thomas à M. Bouruet Aubertot.

25 mai 1869. — Vente par M. Bouruet Aubertot à M. Baudin et à Mme Baudin, son épouse, née Csse de Mayès de la Vilatelle.

11 décembre 1891. — Transmission par testament à M. Habert, secrétaire général de la Compagnie de Lyon, possesseur actuel.

Les collections de Gaignières (B. N. Estampes, *Pe I b*) contiennent un grand nombre de calques et de dessins des tombeaux d'Hérivaux. Ce sont des sépultures d'abbés ou des membres de la famille de Puiseux (lès Louvres). Elles ont été détruites ou dispersées à la Révolution.

M. Habert a conservé une pierre gravée représentant un orant nu, conduit par un saint en habit de pèlerin. C'est la tombe d'Arnoul de Puiseux, maître d'hôtel de Charles VI, mort en 1417.

VERSAILLES — IMPRIMERIE CERF ET Cie, 59, RUE DUPLESSIS

9 782019 941093